dtv

›Frühgereift und zart und traurig‹ – so nennt das gerade 18-jährige Wunderkind Hofmannsthal im Prolog zu Schnitzlers ›Anatol‹ seine Generation und *implicite* sich selbst. Beeinflußt vom französischen Symbolismus wurde er zum Schöpfer impressionistisch-neuromantischer Gedichte in an Verfeinerung nicht zu überbietenden Bildern, Farben und Klängen. Todessehnsucht, Zivilisationsmüdigkeit und Schwermut korrespondieren dabei mit der Sehnsucht nach Liebe und Leben. Dieser kleine Band mit einer repräsentativen Auswahl seiner Gedichte lädt zum Entdecken und zum Wiederlesen ein.

Hugo von Hofmannsthal, geboren 1874 in Wien, studierte Jura und Romanistik, promovierte und begann schon als Schüler zu schreiben. Sein Multitalent als Lyriker, Dramatiker, Erzähler und Essayist trug ihm den Rang eines genialen Universalisten ein. Weltberühmt wurde sein Mysterienspiel ›Jedermann‹ für Salzburg und seine Opernlibretti wie ›Der Rosenkavalier‹. Er starb 1929 in Rodaun bei Wien.

Die Herausgeberin *Dorothea Tetzeli von Rosador* ist Literaturwissenschaftlerin und lebt als freie Lektorin in Wiesbaden.

Hugo von Hofmannsthal

Die scheue Schönheit kleiner Dinge

Gedichte

Ausgewählt und herausgegeben von
Dorothea Tetzeli von Rosador

Deutscher Taschenbuch Verlag

Von Hugo von Hofmannsthal
sind im Deutschen Taschenbuch Verlag
in der ›Bibliothek der Erstausgaben‹ erschienen:
Jedermann. Das Spiel vom Sterben
des reichen Mannes (dtv 2656)
Der Rosenkavalier. Komödie für Musik (dtv 2658)

Originalausgabe
Juni 2004
Deutscher Taschenbuch Verlag GmbH & Co. KG,
München
www.dtv.de

Umschlagkonzept: Balk & Brumshagen
Umschlaggestaltung unter Verwendung
eines Gemäldes von Gustav Klimt
Gesetzt aus der Bembo 10/12˙
Satz: Greiner & Reichel, Köln
Druck & Bindung: Druckerei C. H. Beck
Gedruckt auf säurefreiem, chlorfrei gebleichtem Papier
Printed in Germany · ISBN 3-423-13256-6

Inhalt

Einst waren alle tief und stumm

Weltgeheimnis (1894)

Der tiefe Brunnen weiß es wohl,
Einst waren alle tief und stumm,
Und alle wußten drum.

Wie Zauberworte, nachgelallt
Und nicht begriffen in den Grund,
So geht es jetzt von Mund zu Mund.

Der tiefe Brunnen weiß es wohl;
In den gebückt, begriffs ein Mann,
Begriff es und verlor es dann.

Und redet' irr und sang ein Lied –
Auf dessen dunklen Spiegel bückt
Sich einst ein Kind und wird entrückt.

Und wächst und weiß nichts von sich selbst
Und wird ein Weib, das einer liebt
Und – wunderbar wie Liebe gibt!

Wie Liebe tiefe Kunde gibt! –
Der wird an Dinge, dumpf geahnt,
In ihren Küssen tief gemahnt …

In unsern Worten liegt es drin,
So tritt des Bettlers Fuß den Kies,
Der eines Edelsteins Verlies.

Der tiefe Brunnen weiß es wohl,
Einst aber wußten alle drum,
Nun zuckt im Kreis ein Traum herum.

Ein Knabe (1896)

I

Lang kannte er die Muscheln nicht für schön,
Er war zu sehr aus einer Welt mit ihnen,
Der Duft der Hyazinthen war ihm nichts
Und nichts das Spiegelbild der eignen Mienen.

Doch alle seine Tage waren so
Geöffnet wie ein leierförmig Tal,
Darin er Herr zugleich und Knecht zugleich
Des weißen Lebens war und ohne Wahl.

Wie einer, der noch tut, was ihm nicht ziemt,
Doch nicht für lange, ging er auf den Wegen:
Der Heimkehr und unendlichem Gespräch
Hob seine Seele ruhig sich entgegen.

II

Eh er gebändigt war für sein Geschick,
Trank er viel Flut, die bitter war und schwer.
Dann richtete er sonderbar sich auf
Und stand am Ufer, seltsam leicht und leer.

Zu seinen Füßen rollten Muscheln hin,
Und Hyazinthen hatte er im Haar,
Und ihre Schönheit wußte er, und auch
Daß dies der Trost des schönen Lebens war.

Doch mit unsicherm Lächeln ließ er sie
Bald wieder fallen, denn ein großer Blick
Auf diese schönen Kerker zeigte ihm
Das eigne unbegreifliche Geschick.

Melusine (1892)

Im Grünen geboren,
Am Bache gefreit,
Wie ist mir das Leben,
Das liebe, so weit!

Heut hab ich geträumt
Von dem Wasser tief,
Wo ich im Dunkel
Nicht schlief, nicht schlief!

Was sich im Weiher
Spiegeln ging,
In meinen wachen
Augen sich fing:

Die traurigen Bäume,
Durch die es blinkt,
Wenn der Ball, der große,
Rot-atmend sinkt,

Die blassen Mädchen,
Die lautlos gehn,
Mit weißen Augen
Ins Dunkel sehn,

Und der Waldfrauen
Flüsternde Schar,
Mit Laub und Kronen
Im offenen Haar …

Rotgoldne Kronen?
Und Perlschnüre schwer?
Ich hab es vergessen,
Ich finds nimmermehr.

Verse auf ein kleines Kind (1897)

Dir wachsen die rosigen Füße,
Die Sonnenländer zu suchen:
Die Sonnenländer sind offen!
An schweigenden Wipfeln blieb dort
Die Luft der Jahrtausende hangen,
Die unerschöpflichen Meere
Sind immer noch, immer noch da.
Am Rande des ewigen Waldes
Willst du aus der hölzernen Schale
Die Milch mit der Unke dann teilen?
Das wird eine fröhliche Mahlzeit,
Fast fallen die Sterne hinein!
Am Rande des ewigen Meeres
Schnell findest du einen Gespielen:
Den freundlichen guten Delphin.
Er springt dir ans Trockne entgegen,
Und bleibt er auch manchmal aus,
So stillen die ewigen Winde
Dir bald die aufquellenden Tränen.
Es sind in den Sonnenländern
Die alten, erhabenen Zeiten
Für immer noch, immer noch da!
Die Sonne mit heimlicher Kraft,
Sie formt dir die rosigen Füße,
Ihr ewiges Land zu betreten.

Terzinen (1894)

III

Wir sind aus solchem Zeug wie das zu Träumen,
Und Träume schlagen so die Augen auf
Wie kleine Kinder unter Kirschenbäumen,

Aus deren Krone den blaßgoldnen Lauf
Der Vollmond anhebt durch die große Nacht.
... Nicht anders tauchen unsre Träume auf,

Sind da und leben wie ein Kind, das lacht,
Nicht minder groß im Auf- und Niederschweben
Als Vollmond, aus Baumkronen aufgewacht.

Das Innerste ist offen ihrem Weben;
Wie Geisterhände in versperrtem Raum
Sind sie in uns und haben immer Leben.

Und drei sind Eins: ein Mensch, ein Ding, ein Traum.

IV

Zuweilen kommen niegeliebte Frauen
Im Traum als kleine Mädchen uns entgegen
Und sind unsäglich rührend anzuschauen,

Als wären sie mit uns auf fernen Wegen
Einmal an einem Abend lang gegangen,
Indes die Wipfel atmend sich bewegen

Und Duft herunterfällt und Nacht und Bangen,
Und längs des Weges, unsres Wegs, des dunkeln,
Im Abendschein die stummen Weiher prangen

Und, Spiegel unsrer Sehnsucht, traumhaft funkeln,
Und allen leisen Worten, allem Schweben
Der Abendluft und erstem Sternefunkeln

Die Seelen schwesterlich und tief erbeben
Und traurig sind und voll Triumphgepränge
Vor tiefer Ahnung, die das große Leben

Begreift und seine Herrlichkeit und Strenge.

Der Jüngling in der Landschaft (1896)

Die Gärtner legten ihre Beete frei,
Und viele Bettler waren überall
Mit schwarzverbundnen Augen und mit Krücken –
Doch auch mit Harfen und den neuen Blumen,
Dem starken Duft der schwachen Frühlingsblumen.

Die nackten Bäume ließen alles frei:
Man sah den Fluß hinab und sah den Markt,
Und viele Kinder spielen längs den Teichen.
Durch diese Landschaft ging er langsam hin
Und fühlte ihre Macht und wußte – daß
Auf ihn die Weltgeschicke sich bezogen.

Auf jene fremden Kinder ging er zu
Und war bereit, an unbekannter Schwelle
Ein neues Leben dienend hinzubringen.
Ihm fiel nicht ein, den Reichtum seiner Seele,
Die frühern Wege und Erinnerung
Verschlungner Finger und getauschter Seelen
Für mehr als nichtigen Besitz zu achten.

Der Duft der Blumen redete ihm nur
Von fremder Schönheit – und die neue Luft
Nahm er stillatmend ein, doch ohne Sehnsucht:
Nur daß er dienen durfte, freute ihn.

Die Zeit, die ist
ein sonderbares Ding

Der Rosenkavalier (Auszug – 1910)

Marschallin

Die Zeit im Grund, Quin-quin, die Zeit,
die ändert doch nichts an den Sachen.
Die Zeit, die ist ein sonderbares Ding.
Wenn man so hinlebt, ist sie rein gar nichts.
Aber dann auf einmal,
da spürt man nichts als sie:
sie ist um uns herum, sie ist auch in uns drinnen.
In den Gesichtern rieselt sie, im Spiegel da rieselt sie,
in meinen Schläfen fließt sie.
Und zwischen dir und mir da fließt sie wieder.
Lautlos, wie eine Sanduhr.
O Quin-quin!
Manchmal hör ich sie fließen unaufhaltsam.
Manchmal steh ich auf, mitten in der Nacht,
und laß die Uhren alle stehen.

Terzinen (1894)

I

Über Vergänglichkeit

Noch spür ich ihren Atem auf den Wangen:
Wie kann das sein, daß diese nahen Tage
Fort sind, für immer fort, und ganz vergangen?

Dies ist ein Ding, das keiner voll aussinnt,
Und viel zu grauenvoll, als daß man klage:
Daß alles gleitet und vorüberrinnt.

Und daß mein eignes Ich, durch nichts gehemmt,
Herüberglitt aus einem kleinen Kind
Mir wie ein Hund unheimlich stumm und fremd.

Dann: daß ich auch vor hundert Jahren war
Und meine Ahnen, die im Totenhemd,
Mit mir verwandt sind wie mein eignes Haar,

So eins mit mir als wie mein eignes Haar.

II

Die Stunden! wo wir auf das helle Blauen
Des Meeres starren und den Tod verstehn,
So leicht und feierlich und ohne Grauen,

Wie kleine Mädchen, die sehr blaß aussehn,
Mit großen Augen, und die immer frieren,
An einem Abend stumm vor sich hinsehn

Und wissen, daß das Leben jetzt aus ihren
Schlaftrunknen Gliedern still hinüberfließt
In Bäum und Gras, und sich matt lächelnd zieren

Wie eine Heilige, die ihr Blut vergießt.

Ballade des äusseren Lebens (1895)

Und Kinder wachsen auf mit tiefen Augen,
Die von nichts wissen, wachsen auf und sterben,
Und alle Menschen gehen ihre Wege.

Und süße Früchte werden aus den herben
Und fallen nachts wie tote Vögel nieder
Und liegen wenig Tage und verderben.

Und immer weht der Wind, und immer wieder
Vernehmen wir und reden viele Worte
Und spüren Lust und Müdigkeit der Glieder.

Und Straßen laufen durch das Gras, und Orte
Sind da und dort, voll Fackeln, Bäumen, Teichen,
Und drohende, und totenhaft verdorrte …

Wozu sind diese aufgebaut? und gleichen
Einander nie? und sind unzählig viele?
Was wechselt Lachen, Weinen und Erbleichen?

Was frommt das alles uns und diese Spiele,
Die wir doch groß und ewig einsam sind
Und wandernd nimmer suchen irgend Ziele?

Was frommts, dergleichen viel gesehen haben?
Und dennoch sagt der viel, der »Abend« sagt,
Ein Wort, daraus Tiefsinn und Trauer rinnt

Wie schwerer Honig aus den hohlen Waben.

Weihnacht (1892)

Weihnachtsgeläute
Im nächtigen Wind…
Wer weiß, wo heute
Die Glocken sind,
Die Töne von damals sind?

Die lebenden Töne
Verflogener Jahr'
Mit kindischer Schöne
Und duftendem Haar,
Mit tannenduftigem Haar,

Mit Lippen und Locken
Von Träumen schwer?…
Und wo kommen die Glocken
Von heute her,
Die wandernden heute her?

Die kommenden Tage,
Die wehn da vorbei.
Wer hörts, ob Klage,
Ob lachender Mai,
Ob blühender, glühender Mai?…

Vor Tag (1907)

Nun liegt und zuckt am fahlen Himmelsrand
In sich zusammgesunken das Gewitter.
Nun denkt der Kranke: »Tag! jetzt werd ich schlafen!«
Und drückt die heißen Lider zu. Nun streckt
Die junge Kuh im Stall die starken Nüstern
Nach kühlem Frühduft. Nun im stummen Wald
Hebt der Landstreicher ungewaschen sich
Aus weichem Bett vorjährigen Laubes auf
Und wirft mit frecher Hand den nächsten Stein
Nach einer Taube, die schlaftrunken fliegt,
Und graust sich selber, wie der Stein so dumpf
Und schwer zur Erde fällt. Nun rennt das Wasser,
Als wollte es der Nacht, der fortgeschlichnen, nach
Ins Dunkel stürzen, unteilnehmend, wild
Und kalten Hauches hin, indessen droben
Der Heiland und die Mutter leise, leise
Sich unterreden auf dem Brücklein: leise,
Und doch ist ihre kleine Rede ewig
Und unzerstörbar wie die Sterne droben.
Er trägt sein Kreuz und sagt nur: »Meine Mutter!«
Und sieht sie an, und: »Ach, mein lieber Sohn!«
Sagt sie. – Nun hat der Himmel mit der Erde
Ein stumm beklemmend Zwiegespräch. Dann geht
Ein Schauer durch den schweren, alten Leib:
Sie rüstet sich, den neuen Tag zu leben.

Nun steigt das geisterhafte Frühlicht. Nun
Schleicht einer ohne Schuh von einem Frauenbett,
Läuft wie ein Schatten, klettert wie ein Dieb
Durchs Fenster in sein eigenes Zimmer, sieht
Sich im Wandspiegel und hat plötzlich Angst
Vor diesem blassen, übernächtigen Fremden,
Als hätte dieser selbe heute nacht
Den guten Knaben, der er war, ermordet
Und käme jetzt, die Hände sich zu waschen
Im Krüglein seines Opfers wie zum Hohn,
Und darum sei der Himmel so beklommen
Und alles in der Luft so sonderbar.
Nun geht die Stalltür. Und nun ist auch Tag.

Der nächtliche Weg (1899)

Ich ging den Weg einmal: da war ich sieben,
So arm und reich!
Mir war, ich hielt ein nacktes Schwert in Händen
Und selbst die Sterne bebten seinem Streich.

Mit siebzehn ging ich wiederum den Weg
Erst recht allein:
Ein Etwas huschte in den blassen Winden,
Von oben kam der fremden Welten Schein.

Nun führ ich dich, du spürst nur meine Hand:
Einst war ich sieben …
Und das Vergangne glimmt, von Geisterhand
Mit blassem Schein ins Dunkel hingeschrieben!

Der Spaziergang (1899?)

Ich trat aus meinem Haus und freute mich
an einer Säule, die in meinem Garten
zwischen den beiden ältesten der Bäume
beredten Schatten wirft auf einen Rasen.
Dem Schatten den sie wirft nickte ich zu
wie einem Knaben der im Grase läge,
und trat dann durch die hölzerne kleine Tür
heraus aus meinem Garten.

Das kleine Welttheater (Auszug – 1897)

Das Mädchen

Die Nacht ist von Sternen und Wolken schwer,
Käm jetzt nur irgendeiner daher
Und säng recht etwas Trauriges,
Indes ich hier im Dunkeln säß!

Die Stimme eines Bänkelsängers

Sie lag auf ihrem Sterbebett
Und sprach: Mit mir ists aus.
Mir ist zumut wie einem Kind,
Das abends kommt nach Haus.

Das Ganze glitt so hin und hin
Und ging als wie ein Traum:
Wie eines nach dem andern kam,
Ich sterb und weiß es kaum!

Kein andrer war, wie der erste war:
Da war ich noch ein Kind,
Es blieb mir nichts davon als ein Bild,
So schwach, wie schwacher Wind.

Dem zweiten tat ich Schmerz und Leid
So viel an, als er mir.
Er ist verschollen: Müdigkeit,
Nichts andres blieb bei mir.

Den dritten zu denken, bringt mir Scham.
Gott weiß, wie manches kommt!
Nun lieg ich auf meinem Sterbebett:
Wenn ich nur ein Ding zu denken hätt,
Nur *ein* Ding, das mir frommt!

Das Mädchen

Die arme Frau, was die nur meint?
Das ganze Lied ist dumm, mir scheint.
Schlaftrunken bin ich. Mir scheint, dort fällt
Ein Stern. Wie groß ist doch die Welt!
So viele Sachen sind darin.
Mir käm jetzt manches in den Sinn,
Wenn ich nur nicht so schläfrig wär ...
Mir kann doch alles noch geschehn!
Jetzt aber geh ich schon ins Haus,
Ich ziehe mich im Dunkeln aus
Und laß die Läden offenstehn!
Nun schläft der Vogel an der Wand,
Ich leg den Kopf auf meine Hand
Und hör dem lang noch singen zu.
Ich hör doch für mein Leben gern
So traurig singen, und von fern.

Grossmutter und Enkel (1899)

»Ferne ist dein Sinn, dein Fuß
Nur in meiner Tür!«
Woher weißt dus gleich beim Gruß?
»Kind, weil ich es spür.«

Was? »Wie Sie aus süßer Ruh
Süß durch dich erschrickt.« –
Sonderbar, wie Sie hast du
Vor dich hingenickt.

»Einst ...« Nein: jetzt im Augenblick!
Mich beglückt der Schein –
»Kind, was haucht dein Wort und Blick
Jetzt in mich hinein?

Meine Mädchenzeit voll Glanz
Mit verstohlnem Hauch
Öffnet mir die Seele ganz!«
Ja, ich spür es auch:

Und ich bin bei dir und bin
Wie auf fremdem Stern:
Ihr und dir mit wachem Sinn
Schwankend nah und fern!

»Als ich dem Großvater dein
Mich fürs Leben gab,
Trat ich so verwirrt nicht ein
Wie nun in mein Grab.«

Grab? Was redest du von dem?
Das ist weit von dir!
Sitzest plaudernd und bequem
Mit dem Enkel hier,

Deine Augen frisch und reg,
Deine Wangen hell –
»Flog nicht übern kleinen Weg
Etwas schwarz und schnell?«

Etwas ist, das wie ein Traum
Mich Verliebten hält.
Wie der enge, schwüle Raum
Seltsam mich umstellt!

»Fühlst du, was jetzt mich umblitzt
Und mein stockend Herz?
Wenn du bei dem Mädchen sitzt,
Unter Kuß und Scherz,

Fühl es fort und denk an mich,
Aber ohne Graun:
Denk, wie ich im Sterben glich
Jungen, jungen Fraun.«

Das Salzburger Grosse Welttheater
(Auszug – 1922)

Welt

Flieg hin, Zeit, du bist meine Magd,
Schmück mich, wenn es nächtet, schmück mich,
wenn es tagt,
Flicht mir mein Haar, spiel mir um den Schuh,
Ich bin die Frau, die Magd bist du.
Heia!
Doch einmal trittst du zornig herein,
Die Sterne schießen schiefen Schein,
Der Wind durchfährt den hohen Saal,
Die Sonn geht aus, das Licht wird fahl,
Der Boden gibt einen toten Schein,
Da wirst du meine Herrin sein!
O weh!
Und ich deine Magd, schwach und verzagt,
Gott seis geklagt!
Flieg hin, Zeit! die Zeit ist noch weit!
Heia!

Ein unsterblich Jetzt

Gestern (Auszug – 1891)

Andrea

Mußt du mit gestern stets das Heute stören?
Muß ich die Fessel immer klirren hören,
Die ewig dir am Fuß beengend hängt,
Wenn ich für mich sie tausendmal gesprengt!
Weil gestern blasse Dämmrung um uns hing,
Zum grünen Nil die Seele träumen ging,
Weil unbestimmte Lichter um uns flogen,
Am Himmel bleiche Wolken sehnend zogen …
Ein Abgrund trennt uns davon, sieben Stunden,
Für immer ist dies Gestern hingeschwunden!
Heut ist ein Tag Correggios, reif erglühend,
In ganzen Farben, lachend, prangend, blühend,
Heut ist ein Tag der üppigen Magnolien,
Der schwellenden, der reifen Zentifolien;
Heut nimm dein gelbes Kleid, das schwere, reiche,
Und dunkelrote Rosen, heiße, weiche …
Verlerntest du am Gestern nur zu halten,
Auf dieses Toten hohlen Ruf zu lauschen:
Laß dir des Heute wechselnde Gewalten,
Genuß und Qualen, durch die Seele rauschen,
Vergiß das Unverständliche, das war:
Das Gestern lügt und nur das Heut ist wahr!

Laß dich von jedem Augenblicke treiben,
Das ist der Weg, dir selber treu zu bleiben;
Der Stimmung folg, die deiner niemals harrt,
Gib dich ihr hin, so wirst du dich bewahren,
Von Ausgelebtem drohen dir Gefahren:
Und Lüge wird die Wahrheit, die erstarrt!

Lebenslied (1896)

Den Erben laß verschwenden
An Adler, Lamm und Pfau
Das Salböl aus den Händen
Der toten alten Frau!
Die Toten, die entgleiten,
Die Wipfel in dem Weiten –
Ihm sind sie wie das Schreiten
Der Tänzerinnen wert!

Er geht wie den kein Walten
Vom Rücken her bedroht.
Er lächelt, wenn die Falten
Des Lebens flüstern: Tod!
Ihm bietet jede Stelle
Geheimnisvoll die Schwelle;
Es gibt sich jeder Welle
Der Heimatlose hin.

Der Schwarm von wilden Bienen
Nimmt seine Seele mit;
Das Singen von Delphinen
Beflügelt seinen Schritt:
Ihn tragen alle Erden
Mit mächtigen Gebärden.
Der Flüsse Dunkelwerden
Begrenzt den Hirtentag!

Das Salböl aus den Händen
Der toten alten Frau
Laß lächelnd ihn verschwenden
An Adler, Lamm und Pfau:
Er lächelt der Gefährten. –
Die schwebend unbeschwerten
Abgründe und die Gärten
Des Lebens tragen ihn.

Reiselied (1898)

Wasser stürzt, uns zu verschlingen,
Rollt der Fels, uns zu erschlagen,
Kommen schon auf starken Schwingen
Vögel her, uns fortzutragen.

Aber unten liegt ein Land,
Früchte spiegelnd ohne Ende
In den alterslosen Seen.

Marmorstein und Brunnenrand
Steigt aus blumigem Gelände,
Und die leichten Winde wehn.

Ich ging hernieder … (1893)

Ich ging hernieder weite Bergesstiegen
Und fühlt im wundervollen Netz mich liegen,
In Gottes Netz, im Lebenstraum gefangen.
Die Winde liefen und die Vögel sangen.

Wie trug, wie trug das Tal den Wasserspiegel!
Wie rauschend stand der Wald, wie schwoll der Hügel!
Hoch flog ein Falk, still leuchtete der Raum:
Im Leben lag mein Herz, in Tod und Traum.

Gute Stunde (1896)

Hier lieg ich, mich dünkt es der Gipfel der Welt,
Hier hab ich kein Haus, und hier hab ich kein Zelt!

Die Wege der Menschen sind um mich her,
Hinauf zu den Bergen und nieder zum Meer:

Sie tragen die Ware, die ihnen gefällt,
Unwissend, daß jede mein Leben enthält.

Sie bringen in Schwingen aus Binsen und Gras
Die Früchte, von denen ich lange nicht aß:

Die Feige erkenn ich, nun spür ich den Ort,
Doch lebte der lange vergessene fort!

Und war mir das Leben, das schöne, entwandt,
Es hielt sich im Meer, und es hielt sich im Land!

Dein Antlitz … (1896)

Dein Antlitz war mit Träumen ganz beladen.
Ich schwieg und sah dich an mit stummem Beben.
Wie stieg das auf! Daß ich mich einmal schon
In frühern Nächten völlig hingegeben

Dem Mond und dem zuviel geliebten Tal,
Wo auf den leeren Hängen auseinander
Die magern Bäume standen und dazwischen
Die niedern kleinen Nebelwolken gingen

Und durch die Stille hin die immer frischen
Und immer fremden silberweißen Wasser
Der Fluß hinrauschen ließ – wie stieg das auf!

Wie stieg das auf! Denn allen diesen Dingen
Und ihrer Schönheit – die unfruchtbar war –
Hingab ich mich in großer Sehnsucht ganz,
Wie jetzt für das Anschaun von deinem Haar
Und zwischen deinen Lidern diesem Glanz!

Unendliche Zeit (1896)

Wirklich, bist du zu schwach, dich der seligen Zeit
zu erinnern?
Über dem dunkelnden Tal zogen die Sterne herauf,
Wir aber standen im Schatten und bebten.
Die riesige Ulme
Schüttelte sich wie im Traum, warf einen Schauer herab
Lärmender Tropfen ins Gras: Es war keine Stunde
vergangen
Seit jenem Regen! Und mir schien es unendliche Zeit.
Denn dem Erlebenden dehnt sich das Leben:
es tuen sich lautlos
Klüfte unendlichen Traums zwischen zwei Blicken
ihm auf:
In mich hätt ich gesogen dein zwanzigjähriges Dasein
– War mir, indessen der Baum noch seine Tropfen behielt.

Was ist die Welt? (1890)

Was ist die Welt? Ein ewiges Gedicht,
Daraus der Geist der Gottheit strahlt und glüht,
Daraus der Wein der Weisheit schäumt und sprüht,
Daraus der Laut der Liebe zu uns spricht

Und jedes Menschen wechselndes Gemüt,
Ein Strahl ists, der aus dieser Sonne bricht,
Ein Vers, der sich an tausend andre flicht,
Der unbemerkt verhallt, verlischt, verblüht.

Und doch auch eine Welt für sich allein,
Voll süß-geheimer, nievernommner Töne,
Begabt mit eigner, unentweihter Schöne,

Und keines Andern Nachhall, Widerschein.
Und wenn du gar zu lesen drin verstündest,
Ein Buch, das du im Leben nicht ergründest.

Glückliches Haus (1900)

Auf einem offenen Altane sang
Ein Greise orgelspielend gegen Himmel,
Indes auf einer Tenne, ihm zu Füßen,
Der schlanke mit dem bärtigen Enkel focht,
Daß durch den reinen Schaft des Oleanders
Ein Zittern aufwärts lief; allein ein Vogel
Still in der Krone blütevollem Schein
Floh nicht und äugte klugen Blicks herab.
Auf dem behauenen Rand des Brunnens aber
Die junge Frau gab ihrem Kind die Brust.

Allein der Wandrer, dem die Straße sich
Entlang der Tenne ums Gemäuer bog,
Warf hinter sich den einen Blick des Fremden
Und trug in sich – gleich jener Abendwolke
Entschwebend über stillem Fluß und Wald –
Das wundervolle Bild des Friedens fort.

Aufschrift für eine Standuhr (1902)

Von Coleridge

Nun und vorbei! Die Stunden gleiten hin,
Vertan, verhaucht, in Sehnsucht hingehetzt:
Doch jede, scheidend, senkt in deinen Sinn –
Daß es dort wohne – ein unsterblich Jetzt.

Die Frau ohne Schatten (Auszug – 1915)

Die Ungeborenen

Hört, wir gebieten euch:
Ringet und traget,
daß unser Lebenstag
herrlich uns taget!
Was ihr an Prüfungen
standhaft durchleidet,
uns ists zu strahlenden
Kronen geschmeidet!
…

Vater, dir drohet nichts,
siehe, es schwindet schon,
Mutter, das Ängstliche,
das euch beirrte.

Wäre denn je ein Fest,
wären nicht insgeheim
wir die Geladenen,
wir auch die Wirte!

Die Fülle von
Glut und Glanz und Duft

Der Prophet (1891)

In einer Halle hat er mich empfangen,
Die rätselhaft mich ängstet mit Gewalt,
Von süßen Düften widerlich durchwallt:
Da hängen fremde Vögel, bunte Schlangen.

Das Tor fällt zu, des Lebens Laut verhallt,
Der Seele Atmen hemmt ein dumpfes Bangen,
Ein Zaubertrunk hält jeden Sinn befangen
Und alles flüchtet hilflos, ohne Halt.

Er aber ist nicht wie er immer war,
Sein Auge bannt und fremd ist Stirn und Haar.
Von seinen Worten, den unscheinbar leisen,
Geht eine Herrschaft aus und ein Verführen,

Er macht die leere Luft beengend kreisen
Und er kann töten, ohne zu berühren.

Der Kaiser von China spricht (1897)

In der Mitte aller Dinge
Wohne Ich, der Sohn des Himmels.
Meine Frauen, meine Bäume,
Meine Tiere, meine Teiche
Schließt die erste Mauer ein.
Drunten liegen meine Ahnen:
Aufgebahrt mit ihren Waffen,
Ihre Kronen auf den Häuptern,
Wie es einem jeden ziemt,
Wohnen sie in den Gewölben.
Bis ins Herz der Welt hinunter
Dröhnt das Schreiten meiner Hoheit.
Stumm von meinen Rasenbänken,
Grünen Schemeln meiner Füße,
Gehen gleichgeteilte Ströme
Osten-, west- und süd- und nordwärts,
Meinen Garten zu bewässern,
Der die weite Erde ist.
Spiegeln hier die dunkeln Augen,
Bunten Schwingen meiner Tiere,
Spiegeln draußen bunte Städte,
Dunkle Mauern, dichte Wälder
Und Gesichter vieler Völker.
Meine Edlen, wie die Sterne,
Wohnen rings um mich, sie haben
Namen, die ich ihnen gab,

Namen nach der einen Stunde,
Da mir einer näher kam,
Frauen, die ich ihnen schenkte,
Und den Scharen ihrer Kinder;
Allen Edlen dieser Erde
Schuf ich Augen, Wuchs und Lippen,
Wie der Gärtner an den Blumen.

Aber zwischen äußern Mauern
Wohnen Völker meine Krieger,
Völker meine Ackerbauer.
Neue Mauern und dann wieder
Jene unterworfnen Völker,
Völker immer dumpfern Blutes,
Bis ans Meer, die letzte Mauer,
Die mein Reich und mich umlagert.

Blütenreife (1891)

I

Die Blüten schlafen am Baume
In schwüler, flüsternder Nacht,
Sie trinken in duftigem Traume
Die flimmernde, feuchte Pracht.
Sie trinken den lauen Regen,
Den glitzernden Mondenschein,
Sie zittern dem Licht entgegen,
Sie saugen es taumelnd ein:
Sie sprengen die schweigende Hülle
Und gleiten berauscht durch die Luft
Und sterben an der Fülle
Von Glut und Glanz und Duft.

Das war die Nacht der Träume,
Der Liebe schwül gärende Nacht,
Da sind mit den Knospen der Bäume
Auch meine Lieder erwacht.
Sie sprengten die schweigende Hülle
Und glitten berauscht durch die Luft
Und starben an der Fülle
Von Glut und Glanz und Duft.

Die Töchter der Gärtnerin (1891)

Die eine füllt die großen Delfter Krüge,
Auf denen blaue Drachen sind und Vögel,
Mit einer lockern Garbe lichter Blüten:
Da ist Jasmin, da quellen reife Rosen
Und Dahlien und Nelken und Narzissen …
Darüber tanzen hohe Margeriten
Und Fliederdolden wiegen sich und Schneeball
Und Halme nicken, Silberflaum und Rispen …
Ein duftend Bacchanal …
Die andre bricht mit blassen feinen Fingern
Langstielige und starre Orchideen,
Zwei oder drei für eine enge Vase …
Aufragend mit den Farben die verklingen,
Mit langen Griffeln, seltsam und gewunden,
Mit Purpurfäden und mit grellen Tupfen,
Mit violetten, braunen Pantherflecken
Und lauernden, verführerischen Kelchen,
Die töten wollen …

Siehst du die Stadt? (1890)

Siehst du die Stadt, wie sie da drüben ruht,
Sich flüsternd schmieget in das Kleid der Nacht?
Es gießt der Mond der Silberseide Flut
Auf sie herab in zauberischer Pracht.

Der laue Nachtwind weht ihr Atmen her,
So geisterhaft, verlöschend leisen Klang:
Sie weint im Traum, sie atmet tief und schwer,
Sie lispelt, rätselvoll, verlockend bang …

Die dunkle Stadt, sie schläft im Herzen mein
Mit Glanz und Glut, mit qualvoll bunter Pracht:
Doch schmeichelnd schwebt um dich ihr Widerschein,
Gedämpft zum Flüstern, gleitend durch die Nacht.

Gülnare (1890)

I

Schimmernd gießt die Ampel Dämmerwogen
um dich her,
Leise kommt der Orchideen Duft geflogen um dich her
Aus den bunten, schlanken Vasen; und der Spiegel
streut die Strahlen,
Die er, wo der Schimmer hinfällt, aufgesogen,
um dich her.
Auf dem Teppich, dir zu Füßen, spielt der Widerschein
des Feuers,
Zeichnet tanzend helle Kreise, Flammenbogen
um dich her;
Und die Uhr auf dem Kamine, die barocke, zierlich steife,
Tickt die Zeit, die süßverträumte, wohlgewogen
um dich her.

Eine Vorlesung (1897)

Schwere Sonne lag im Anfang auf den Scheiben
Mit dem schweren Glanz – es standen große Blumen
Auf den Tischen rings: Schwertlilien, volle Rosen,
Haselzweige dumpf wie braune Erze funkelnd –
vergeblich
Rang die Stimme schwach wie eine matte Flamme
Von Unsicherm umschwebt: von Schatten, halben
Gestalten.
Aber mählich mit der Dämmerung wurden jene
Geträumten Schatten stark: und sie zerdrangen siegreich
Die schöne Luft und da – wie große kluge Vögel
saßen sie schon unter uns und banden uns mit den Augen.

Aus des Dionysos,
der Venus Sippe,
ein großer Gott der Seele

Der Tor und der Tod (Auszug – 1893)

Der Tod

Steh auf! Wirf dies ererbte Graun von dir!
Ich bin nicht schauerlich, bin kein Gerippe!
Aus des Dionysos, der Venus Sippe,
Ein großer Gott der Seele steht vor dir.
Wenn in der lauen Sommerabendfeier
Durch goldne Luft ein Blatt herabgeschwebt,
Hat dich mein Wehen angeschauert,
Das traumhaft um die reifen Dinge webt;
Wenn Überschwellen der Gefühle
Mit warmer Flut die Seele zitternd füllte,
Wenn sich im plötzlichen Durchzucken
Das Ungeheure als verwandt enthüllte,
Und du, hingebend dich im großen Reigen,
Die Welt empfingest als dein eigen:
In jeder wahrhaft großen Stunde,
Die schauern deine Erdenform gemacht,
Hab ich dich angerührt im Seelengrunde
Mit heiliger, geheimnisvoller Macht.

Ariadne auf Naxos (Auszug – 1913)

Ariadne

Es gibt ein Reich, wo alles rein ist:
Es hat auch einen Namen: Totenreich.
Hier ist nichts rein!
Hier kam alles zu allem!
Bald aber nahet ein Bote,
Hermes heißen sie ihn.
Mit seinem Stab
Regiert er die Seelen:
Wie leichte Vögel,
Wie welke Blätter
Treibt er sie hin.
Du schöner, stiller Gott! sieh! Ariadne wartet!

Ach, von allen wilden Schmerzen
Muß das Herz gereinigt sein,
Dann wird dein Gesicht mir nicken,
Wird dein Schritt vor meiner Höhle,
Dunkel wird auf meinen Augen,
Deine Hand auf meinem Herzen sein.
In den schönen Feierkleidern,
Die mir meine Mutter gab,
Diese Glieder werden bleiben,
Schön geschmückt und ganz allein,
Stille Höhle wird mein Grab.

Aber lautlos meine Seele
Folget ihrem neuen Herrn,
Wie ein leichtes Blatt im Winde,
Folgt hinunter, folgt so gern.

Du wirst mich befreien,
Mir selber mich geben,
Dies lastende Leben,
Du nimmst es von mir.
An dich werd ich mich ganz verlieren,
Bei dir wird Ariadne sein.

Das Mädchen und der Tod (1893)

Dies flüssig grüne Gold heißt Gift und tötet.
Wie gut es riecht: wie wenn der wilde Wind
In den Akazienbäumen irr sich fängt,
Dann geht man still im Mond auf weichen Blüten …
Vielleicht ist Totsein solch ein lautlos Wandern
Durch fremde leere Länder ohne Schlaf,
Auf stillen Brücken über grüne Wasser
Durch lange schwarze, schweigende Alleen,
Durch Gärten, die verwildern …
Und endlich komm ich an das Haus des Todes:
Im großen Saale ist ein großer Tisch
Aus grünem Malachit; den tragen Greifen.
Da sitzt der Tod zu Tisch und läd mich ein
Und Pagen viel mit feinen schmalen Händen
Und Schuh'n aus schwarzem Samt, die lautlos gleiten.
Die tragen wunderbare Schüsseln auf:
Ja, ganze Pfauen, Fische silberschuppig
Mit Purpurflossen, in den feinen Zähnchen
(Die sind vergoldet) stecken Lorbeerreiser
Und Trauben mit goldrotem Rost und offen
Granatäpfel, die auf weichen Kissen
Von frischen Veilchen leuchten, und der Tod
Hat einen Mantel an aus weißem Samt
Und setzt mich neben sich
Und ist sehr höflich …

[An Richard Beer-Hofmann] (1894)

Als unser Hund im Comer See ertrank
Und wir zusahen und nicht helfen konnten
Da sahst Du lange nach auf der besonnten
Und dunklen Flut der kleinen weißen Leiche
Die, treibend, ganz zerging in goldner Bleiche,
Dann sagtest Du: »Es war am Ende gut
Daß er jetzt fort ist und für uns der gleiche
In der Erinn'rung dieser Tage ruht:
Denn kläglich häßlich ist ein altes Tier
Und grauenvoll in mancher Abendstunde
Dann später uns, den jungen, Dir und mir:
Denn er wär alt und wir noch jung gewesen
Und wie aus eines offnen Grabes Munde
So hätte Gott geschrien aus diesem Wesen« …
Mir aber kam ganz anders in den Sinn
Dieselbe Sache, daß der Hund ertrank:
Ich sah die wunderschöne Uferbank
Wohin ihn spült das gleitende Gerinn,
Und in den Zweigen süßen zarten Wind
Und dort zwei Menschen wie wir beide sind:
Und ihre Schönheit drang in mich hinein
Und dann: die Einigkeit vom alledem im Sein.

Ballade vom kranken Kind (1892)

Das Kind mit fiebernden Wangen lag,
Rotgolden versank im Laub der Tag.
Das Fenster hing voller wildem Wein,
Da sah ein fremder Jüngling herein.

»Laß, Mutter, den schönen Knaben ein,
Er beut mir die Schale mit leuchtendem Wein,
Seine Lippen sind wie Blumen rot,
Aus seinen Augen ein Feuer loht.«

Der nächste Tag verglomm im Teich,
Da stand am Fenster der Jüngling, bleich,
Mit Lippen wie giftige Blumen rot
Und einem Lächeln, das lockt und droht.

»Schick, Mutter, den fremden Knaben fort,
Mich zehrt die Glut und mein Leib verdorrt,
Mich ängstigt sein Lächeln, er hält mir her
Die Schale mit Wein, der ist heiß und schwer!

Ach Mutter, was bist du nicht erwacht!
Er kam geschlichen ans Bett bei Nacht:
Und, weh, seinen Wein ich getrunken hab
Und morgen könnt ihr mir graben das Grab!«

Erlebnis (1892)

Mit silbergrauem Dufte war das Tal
Der Dämmerung erfüllt, wie wenn der Mond
Durch Wolken sickert. Doch es war nicht Nacht.
Mit silbergrauem Duft des dunklen Tales
Verschwammen meine dämmernden Gedanken,
Und still versank ich in dem webenden,
Durchsichtgen Meere und verließ das Leben.
Wie wunderbare Blumen waren da
Mit Kelchen dunkelglühend! Pflanzendickicht,
Durch das ein gelbrot Licht wie von Topasen
In warmen Strömen drang und glomm. Das Ganze
War angefüllt mit einem tiefen Schwellen
Schwermütiger Musik. Und dieses wußt ich,
Obgleich ichs nicht begreife, doch ich wußt es:
Das ist der Tod. Der ist Musik geworden,
Gewaltig sehnend, süß und dunkelglühend,
Verwandt der tiefsten Schwermut.
Aber seltsam!
Ein namenloses Heimweh weinte lautlos
In meiner Seele nach dem Leben, weinte,
Wie einer weint, wenn er auf großem Seeschiff
Mit gelben Riesensegeln gegen Abend
Auf dunkelblauem Wasser an der Stadt,

Der Vaterstadt, vorüberfährt. Da sieht er
Die Gassen, hört die Brunnen rauschen, riecht
Den Duft der Fliederbüsche, sieht sich selber,
Ein Kind, am Ufer stehn, mit Kindesaugen,
Die ängstlich sind und weinen wollen, sieht
Durchs offne Fenster Licht in seinem Zimmer –
Das große Seeschiff aber trägt ihn weiter
Auf dunkelblauem Wasser lautlos gleitend
Mit gelben, fremdgeformten Riesensegeln.

Die scheue Schönheit kleiner Dinge

Kleine Erinnerungen (1893)

Deine kleine Schwester
Hat ihre offenen Haare
Wie einen lebendigen Schleier,
Wie eine duftende Hecke
Vornüberfallen lassen
Und schaut, mit solchen Augen!
Durch einen duftenden Schleier,
Durch eine dunkle Hecke …
Wie süß ists, nur zu denken
An diese kleinen Dinge.

An allen sehnsüchtigen Zweigen
In deinem nächtigen Garten
Sind Früchte aufgegangen,
Lampions wie rote Früchte,
Und wiegen sich und leuchten
An den sehnsüchtigen Zweigen,
Darin der Nachtwind raschelt,
In deinem kleinen Garten …

Wie süß ists, nur zu denken
An diese kleinen Dinge …

Prolog (1892)

Zu einem Wohltätigkeitskonzert in Strobl

Wenn wir, fröhlich im Erinnern,
Von der Heimat unsrer Sommer,
Von dem kleinen Strobl sprechen:
Was bedeutet uns der Name?

Nun, ein Nest von sonnengrellen,
Kleinen, weiß und braunen Häusern,
Ausgestreut auf grünen Wiesen
Längs des dunkelblauen Wassers.
Und dies Nest von kleinen Häusern
Und die großen grünen Wiesen
Und das dunkelblaue Wasser
Sind erfüllt mit hübschen Dingen:

Duftig hellen Sommerkleidern,
Und dem Lachen kleiner Kinder,
Und dem Plätschern grüner Wellen,
Und Musik verwehten Singens;
Sind erfüllt mit frohem Rufen,
Mit dem Duft geworf'ner Blumen
Und dem Flüstern und dem Lispeln,
Wenn der Mond am Wasser rieselt,
Mit dem Sausen und dem Wehen,
Wenn der Sturm die weißen Kämme
Rollend in die Segel atmet:

Sind erfüllt mit gold'nem Schimmer
Des verträumt gedankenlosen
Namenlosen Wohlgefühles. –

Das bedeutet uns der Name
Unsrer kleinen Sommerheimat;
Dieses Strobl ist das unsre. –
...

Zu lebenden Bildern (1893)

Prolog

Nicht wie vor einer Bühne sollt ihr hier
Erwartend sitzen: wilde Schönheit nicht
Soll mit erregenden, mit Fieberfingern
Auf eurer Seele Saiten bebend spielen …
Hier gilts der kleinen Kunst, die nicht ergreifen,
Die willig nur ergriffen werden kann.

Wer stehenbleibt, wenn in den Frühlingsnächten
Aus offnen Fenstern Geigentöne schweben;
Wer die verblichnen alten Stoffe liebt,
Die wunderbaren Farben welker Blätter,
Das Mondlicht auf der Karlskirche und
Die weiche Anmut alter Lannerwalzer;
Und wer sich nach dem Blumenzimmer sehnt
Im alten Belvedere, und wer noch sonst
Die scheue Schönheit *kleiner* Dinge fühlt …:
Ihr alle kommt und denkt, ihr wärt allein,
Allein in dämmernden und stillen Zimmern …
Was einem einfällt, wenn man eingenickt
Mit halbgeschloßnen Augen abends sitzt,
Nicht völlig wacht, noch völlig schläft und träumt!
Da lächeln alte Bilder, auf den Fächern
Die Schäfer tanzen Menuett zur Flöte;
Die Spieluhr klimpert eine Pastorale,

Und Kindertage stehen auf, wie Kinder
Mit lieben Lippen und mit offnem Haar,
Darin ein Duft von Wachs und Weihnachtsbäumen,
Und Moderduft von lieben alten Büchern!
Die biblischen Geschichten gehn vorbei,
Der Goliath und der Pharao und Esther …
Dann fallen einem Märchen ein: der Brunnen
Im Wald, und in dem Brunnen Melusine …
Und der Großmutter Bild, altmodisch zierlich.
Und leise tönt ein Schubertlied dazwischen,
Altmodisch lieblich, voll von leiser Wehmut,
Und süß, wie wenn das gelbe Sommermondlicht
In laue Gärten fällt … da blühn Akazien.
So kommen Bilder, Bilder gehn, verschwimmen,
Und alles ist vertraut und fremd und hübsch;
Nicht völlig Wachen und nicht ganz ein Traum.
So solls hier wieder werden. Leise sollen
Musik und Bilder ineinanderfließen,
Wie wenn sich halbverträumt die Sinne schließen,
Und wach geworden vorübergehen,
Die sonst aus toten Augen sehen:
Vom Tage, da Rahel zum Brunnen kam,
Bis da der Großvater die Großmutter nahm.
…

Für mich ... (1890)

Ghasel

Das längst Gewohnte, das alltäglich Gleiche,
Mein Auge adelt mirs zum Zauberreiche:
Es singt der Sturm sein grollend Lied für mich,
Für mich erglüht die Rose, rauscht die Eiche.
Die Sonne spielt auf goldnem Frauenhaar
Für mich – und Mondlicht auf dem stillen Teiche.
Die Seele les ich aus dem stummen Blick,
Und zu mir spricht die Stirn, die schweigend bleiche.
Zum Traume sag ich: »Bleib bei mir, sei wahr!«
Und zu der Wirklichkeit: »Sei Traum, entweiche!«
Das Wort, das Andern Scheidemünze ist,
Mir ists der Bilderquell, der flimmernd reiche.
Was ich erkenne, ist mein Eigentum,
Und lieblich locket, was ich *nicht* erreiche.
Der Rausch ist süß, den Geistertrank entflammt,
Und süß ist die Erschlaffung auch, die weiche.
So tiefe Welten tun sich oft mir auf,
Daß ich drein glanzgeblendet, zögernd schleiche,
Und einen goldnen Reigen schlingt um mich
Das längst Gewohnte, das alltäglich Gleiche.

Gute Stunde (1894)

Leise tratest an mein Bette,
Lieblich rätselhafte Stunde,
Mit so fremd vertrauten Augen,
Mit so süßem herbem Munde.

Unter deinem Blick erwacht ich
Und war erst als wie im Traum,
So verwandelt stand mein Zimmer,
Der vertraute kleine Raum:

Zwar von außen ganz wie immer,
Doch ein wundervolles Leben
Spürt ich mit erregten Sinnen
Unter jeder Hülle beben:

Als du Wasser mir ins Becken
Gossest, meint ich, in der Welle
Aus dem Krug in deinen Händen
Spräng lebendig eine Quelle.

Meines Bettes Füße sagten:
»Wir sind aus dem Leib geschnitten
Einer Esche, aus des schlanken
Rauschend jungen Leibes Mitten,

Aus dem Stamm, daraus der Flöten
Selig singend Holz sie schneiden,
Diesen kleinen Leib, durchbebt von
Namenlosen süßen Leiden …«

Meine Feder sagte: »Schreibe!
Aus dem zauberhaften Grund
Glühts und zuckts, und reden will ich
Große Dinge mit kindischem Mund!«

Vor den Fenstern übern Himmel
Flogen Morgenwolken hin
Und verwirrten erst unsäglich
Meinen still berauschten Sinn.

Erkenntnis (1898)

Wüßt ich genau, wie dies Blatt aus seinem Zweige
herauskam,
Schwieg ich auf ewige Zeit still: denn ich wüßte genug.

Leben mußt du,
liebes Leben

Ariadne auf Naxos (Auszug – 1913)

Harlekin

Lieben, Hassen, Hoffen, Zagen,
Alle Lust und alle Qual,
Alles kann ein Herz ertragen
Einmal um das andere Mal

Aber weder Lust noch Schmerzen,
Abgestorben auch der Pein,
Das ist tödlich deinem Herzen,
Und so darfst du mir nicht sein!

Mußt dich aus dem Dunkel heben,
Wär es auch um neue Qual,
Leben mußt du, liebes Leben,
Leben noch dies eine Mal!

Den Pessimisten (1890)

Ghasel

Solang uns Liebe lockt mit Lust und Plagen,
Solang Begeistrung wechselt und Verzagen,
Solange wird auf Erden nicht die Zeit,
Die schreckliche, die dichterlose tagen:
Solang in tausend Formen Schönheit blüht,
Schlägt auch ein Herz, zu singen und zu sagen,
Solang das Leid, das ewge, uns umflicht,
Solange werden wirs in Tönen klagen,
Und es erlischt erst dann der letzte Traum,
Wenn er das letzte Herz zu Gott getragen!

Verheissung (1890)

Fühlst Du durch die Winternacht
Durch der kalten Sternlein Zittern
Durch der Eiskristalle Pracht
Wie sie flimmern und zersplittern,
Fühlst nicht nahen laue Mahnung,
Keimen leise Frühlingsahnung?

Drunten schläft der Frühlingsmorgen
Quillt in gärenden Gewalten
Und, ob heute noch verborgen,
Sprengt er rings das Eis in Spalten:
Und in wirbelnd lauem Wehen
Braust er denen, die's verstehen.

Hörst Du aus der Worte Hall,
Wie sie kühn und trotzig klettern
Und mit jugendlichem Prall
Klirrend eine Welt zerschmettern:
Hörst Du nicht die leise Mahnung,
Warmen Lebensfrühlings Ahnung?

Einem, der vorübergeht (1891)

Du hast mich an Dinge gemahnet,
Die heimlich in mir sind,
Du warst für die Saiten der Seele
Der nächtige flüsternde Wind

Und wie das rätselhafte,
Das Rufen der atmenden Nacht,
Wenn draußen die Wolken gleiten
Und man aus dem Traum erwacht,

Zu blauer weicher Weite
Die enge Nähe schwillt,
Durch Zweige vor dem Monde
Ein leises Zittern quillt.

Vorfrühling (1892)

Es läuft der Frühlingswind
Durch kahle Alleen,
Seltsame Dinge sind
In seinem Wehn.

Er hat sich gewiegt,
Wo Weinen war,
Und hat sich geschmiegt
In zerrüttetes Haar.

Er schüttelte nieder
Akazienblüten
Und kühlte die Glieder,
Die atmend glühten.

Lippen im Lachen
Hat er berührt,
Die weichen und wachen
Fluren durchspürt.

Er glitt durch die Flöte
Als schluchzender Schrei,
An dämmernder Röte
Flog er vorbei.

Er flog mit Schweigen
Durch flüsternde Zimmer
Und löschte mit Neigen
Der Ampel Schimmer.

Es läuft der Frühlingswind
Durch kahle Alleen,
Seltsame Dinge sind
In seinem Wehn.

Durch die glatten
Kahlen Alleen
Treibt sein Wehn
Blasse Schatten.

Und den Duft,
Den er gebracht,
Von wo er gekommen
Seit gestern Nacht.

Vorgefühl (1891)

Das ist der Frühling nicht allein,
Der durch die Bäume dränget
Und wie im Faß der junge Wein
Die Reifen fast zersprenget,

Der Frühling ist ja zart und kühl,
Ein mädchenhaftes Säumen,
Jetzt aber wogt es reif und schwül
Wie Julinächte träumen.

Es blinkt der See, es rauscht die Bucht,
Der Mond zieht laue Kreise,
Der Hauch der Nachtluft füllt die Frucht,
Das Gras erschauert leise.

Das ist der Frühling nicht allein,
Der weckt nicht solche Bilder

Regen in der Dämmerung (1892)

Der wandernde Wind auf den Wegen
War angefüllt mit süßem Laut,
Der dämmernde rieselnde Regen
War mit Verlangen feucht betaut.

Das rinnende rauschende Wasser
Berauschte verwirrend die Stimmen
Der Träume, die blasser und blasser
Im schwebenden Nebel verschwimmen.

Der Wind in den wehenden Weiden,
Am Wasser der wandernde Wind
Berauschte die sehnenden Leiden,
Die in der Dämmerung sind.

Der Weg im dämmernden Wehen,
Er führte zu keinem Ziel,
Doch war er gut zu gehen
Im Regen, der rieselnd fiel.

Canticum Canticorum IV. 12–16 (1893)

Du bist der verschlossene Garten,
Deine kindischen Hände warten,
Deine Lippen sind ohne Gewalt.
Du bist die versiegelte Quelle,
Des Lebens starre Schwelle,
Unwissend herb und kalt.

Nimm, Wind von Norden, Flügel,
Lauf, Südwind, über die Hügel
Und weh durch diesen Hain!
Laß alle Düfte triefen,
Aus starren Schlafes Tiefen
Das Leben sich befrein!

Lieder haben viel Gewalt

Ein Traum von grosser Magie (1895)

Viel königlicher als ein Perlenband
Und kühn wie junges Meer im Morgenduft,
So war ein großer Traum – wie ich ihn fand.

Durch offene Glastüren ging die Luft.
Ich schlief im Pavillon zu ebner Erde,
Und durch vier offne Türen ging die Luft –

Und früher liefen schon geschirrte Pferde
Hindurch und Hunde eine ganze Schar
An meinem Bett vorbei. Doch die Gebärde

Des Magiers – des Ersten, Großen – war
Auf einmal zwischen mir und einer Wand:
Sein stolzes Nicken, königliches Haar.

Und hinter ihm nicht Mauer: es entstand
Ein weiter Prunk von Abgrund, dunklem Meer
Und grünen Matten hinter seiner Hand.

Er bückte sich und zog das Tiefe her.
Er bückte sich, und seine Finger gingen
Im Boden so, als ob es Wasser wär.

Vom dünnen Quellenwasser aber fingen
Sich riesige Opale in den Händen
Und fielen tönend wieder ab in Ringen.

Dann warf er sich mit leichtem Schwung der Lenden –
Wie nur aus Stolz – der nächste Klippe zu;
An ihm sah ich die Macht der Schwere enden.

In seinen Augen aber war die Ruh
Von schlafend- doch lebendgen Edelsteinen.
Er setzte sich und sprach ein solches Du

Zu Tagen, die uns ganz vergangen scheinen,
Daß sie herkamen trauervoll und groß:
Das freute ihn zu lachen und zu weinen.

Er fühlte traumhaft aller Menschen Los,
So wie er seine eignen Glieder fühlte.
Ihm war nichts nah und fern, nichts klein und groß.

Und wie tief unten sich die Erde kühlte,
Das Dunkel aus den Tiefen aufwärts drang,
Die Nacht das Laue aus den Wipfeln wühlte,

Genoß er allen Lebens großen Gang
So sehr – daß er in großer Trunkenheit
So wie ein Löwe über Klippen sprang.
. . . .

Cherub und hoher Herr ist unser Geist –
Wohnt nicht in uns, und in die obern Sterne
Setzt er den Stuhl und läßt uns viel verwaist:

Doch Er ist Feuer uns im tiefsten Kerne
– So ahnte mir, da ich den Traum da fand –
Und redet mit den Feuern jener Ferne

Und lebt in mir wie ich in meiner Hand.

Manche freilich … (1895)

Manche freilich müssen drunten sterben,
Wo die schweren Ruder der Schiffe streifen,
Andre wohnen bei dem Steuer droben,
Kennen Vogelflug und die Länder der Sterne.

Manche liegen immer mit schweren Gliedern
Bei den Wurzeln des verworrenen Lebens,
Andern sind die Stühle gerichtet
Bei den Sibyllen, den Königinnen,
Und da sitzen sie wie zu Hause,
Leichten Hauptes und leichter Hände.

Doch ein Schatten fällt von jenen Leben
In die anderen Leben hinüber,
Und die leichten sind an die schweren
Wie an Luft und Erde gebunden:

Ganz vergessener Völker Müdigkeiten
Kann ich nicht abtun von meinen Lidern,
Noch weghalten von der erschrockenen Seele
Stummes Niederfallen ferner Sterne.

Viele Geschicke weben neben dem meinen,
Durcheinander spielt sie alle das Dasein,
Und mein Teil ist mehr als dieses Lebens
Schlanke Flamme oder schmale Leier.

»Sunt animae rerum« (1890)
Thomas von Aquino

Ein gutes Wort mußt du im Herzen tragen,
Und seinen Wert enthüllt dir *eine* Stunde:
Stets dringt dein Aug nicht nach des Meeres Grunde,
An trüben tiefer als an hellen Tagen.

Zuweilen gibt ein lichter Blick dir Kunde
Von Herzen, die in toten Dingen schlagen,
Und wenn du nur verstehest recht zu fragen,
Erfährst du manches auch aus stummem Munde.

Drum flieh aus deinem Selbst, dem starren, kalten,
Des Weltalls Seele dafür einzutauschen,
Laß dir des Lebens wogende Gewalten,

Genuß und Qualen, durch die Seele rauschen,
Und kannst du eine Melodie erlauschen,
So strebe, ihren Nachhall festzuhalten!

Ghaselen (1891)

I

In der ärmsten kleinen Geige liegt die Harmonie des Alls
verborgen,
Liegt ekstatisch tiefstes Stöhnen, Jauchzen süßen Schalls
verborgen;
In dem Stein am Wege liegt der Funke, der die Welt
entzündet,
Liegt die Wucht des fürchterlichen, blitzesgleichen Pralls
verborgen.
In dem Wort, dem abgegriffnen, liegt was mancher
sinnend suchet:
Eine Wahrheit, mit der Klarheit leuchtenden Kristalls
verborgen …
Lockt die Töne, sucht die Wahrheit, werft den Stein
mit Riesenkräften!
Unsern Blicken ist Vollkommnes seit dem Tag des
Sündenfalls verborgen.

Spaziergang (1893)

Ich ging durch nächtige Gassen
Bis zum verstaubten Rand
Der großen Stadt. Da kam ich
An eine Bretterwand

Auf einem öden Wall von Lehm.
Ich konnt nicht weiter gehen
Noch auch im klaren vollen Licht
Des Monds hinüber spähen.

Dahinter war die ganze Welt
Verschwunden und versunken
Und nur der Himmel aufgerollt
Mit seinen vielen Funken.

Der Himmel war so dunkelblau,
So glanz- und wunderschwer,
Als rollte ruhig unter ihm
Ein leuchtend feuchtes Meer.

Die Sterne glommen, als schauten sie
In einen hohen Hain
Mit rieselnden dunkeln Wassern
Und rauschenden Wipfeln hinein.

Ich weiß nicht, was dort drüben war,
Doch wars wohl fort und fort
Nur öde Gruben, Sand und Lehm
Und Disteln halbverdorrt.

Sag, meine Seele, gibt es wo
Ein Glück, so groß und still,
Als liegend hinterm Bretterzaun
Zu träumen wie Gott will,

Wenn über Schutt und Staub und Qualm
Sich solche Pracht enthüllt,
Daß sie das Herz mit Orgelklang
Und großem Schauer füllt?

Nox Portentis Gravida (1896)

In hohen Bäumen ist ein Nebelspiel,
Und drei der schönen Sterne funkeln nah:
Die Hyazinthen an der dunkeln Erde
Erinnern sich, daß hier geschehen werde,
Was früher schon und öfter wohl geschah:
Daß Hermes und die beiden Dioskuren,
Funkelnd vor Übermut die luftigen Spuren
Der windgetragenen Grazien umstellen
Und spielend, mit der Grausamkeit der Jagd,
Sie aus den Wipfeln scheuchen, ja die Wellen
Des Flusses nahe treiben, bis es tagt.

Der Dichter hat woanders seinen Weg,
Und mit den Augen der Meduse schauend
Sieht er das umgelegne fahle Feld
Sogleich entrückt und weiß nicht, wie es ist,
Und fügt es andern solchen Orten zu,
Wo seine Seele, wie ein Kind verstellt,
Ein Dasein hat von keiner sichern Frist
In Adlersluft und abgestorbner Ruh.
Dort streut er ihr die Schatten und die Scheine
Der Erdendinge hin und Edelsteine.

Den dritten Teil des Himmels aber nimmt
Die Wolke ein von solcher Todesschwärze,
Wie sie die Seele dessen anfällt, der
Durch Nacht den Weg sich sucht mit einer Kerze:
Die Wolke, die hinzog am nächsten Morgen,
Mit Donnerschall von tausenden Gewittern
Und blauem Lichte stark wie nahe Sonnen
Und schauerlichem Sturz von heißen Steinen,
Die Insel heimzusuchen, wo das Zittern
Aufblühen ließ die wundervollsten Wonnen,
Vor ungeheurer Angst erstorbenes Weinen
Der Kaufpreis war: daß in verstörten Gärten,
Die nie sich sahen, sich fürs Leben fanden
Und, trunken sterbend, Rettung nicht begehrten;
Daß Gott entsprang den Luft- und Erdenbanden,
Verwaiste Kinder gleich Propheten glühten
Und alle Seelen wie die Sterne blühten.

Eigene Sprache (1898)

Wuchs dir die Sprache im Mund, so wuchs in die Hand
dir die Kette:
Zieh nun das Weltall zu dir! Ziehe! Sonst wirst du
geschleift.

Nach einer Dante-Lektüre (1893)

Aus schwarzgewordnem Bronze-Gruftendeckel
Sind die berühmten schweren alten Verse,
Kalt anzufühlen, unzerstörbar, tragend
Den Toten-Prunk, schwarzgrüne Wappenschilde
Und eine Inschrift, ehern auf dem Erz,
Die denken macht, doch keinen Schauer gibt.
Du liest und endlich kommst du an ein Wort,
Das ist, wie deine Seele oft geahnt
Und nie gewußt zu nennen, was sie meinte.
Von da hebt Zauber an. An jedem Sarg
Schlägt da von innen mit lebendgen Knöcheln
Das Leben, Schultern stemmen sich von unten,
Der Deckel dröhnt, wo zwischen Erz und Erz
Die schmalste Spalte, schieben Menschenfinger
Sich durch und aus den Spalten strömt ein Licht,
Ein Licht, ein wundervolles warmes Licht,
Das lang geruht im kühlen dunklen Grund
Und Schweigen in sich sog und tiefen Duft
Von nächtigen Früchten – dieses Licht strömt auf,
Und auf die Deckel ihrer Grüfte steigen,
Den nackten Fuß in goldenen Sandalen,
Die tausende Lebendigen und schauen
Auf dich und auf das Spiel gespenstiger Reihen
Und reden mehr als du begreifen kannst.

Wo ich nahe, wo ich lande … (1894)

Wo ich nahe, wo ich lande,
Da im Schatten, dort im Sande
Werden sie sich zu mir setzen,
Und ich werde sie ergetzen,
Binden mit dem Schattenbande!

An den Dingen, die sie kennen,
Lehr ich sie Geheimes nennen,
Auf und Nieder ihrer Glieder
Und den Lauf der Sterne wieder,
Kaum vermögen sies zu trennen!

Denn ich spreche: »Große Macht
Lenkt den Tag, versenkt die Nacht,
Doch in Euch versenkt sind gleiche
Sehr geheimnisvolle Reiche,
Ruhig wie in einen Schacht.«

Daß sie mit verhaltnem Grauen
An sich selber niederschauen,
Von Geheimnis ganz durchwoben
Fühlen sich emporgehoben
Und den Himmel dunkler blauen!

Gesellschaft (1896)

Sängerin

Sind wir jung und sind nicht alt,
Lieder haben viel Gewalt,
Machen leicht und machen schwer,
Ziehen deine Seele her.

Fremder

Leben gibt es nah und fern,
Was ich zeige, seht ihr gern –
Nicht die Schwere vieler Erden,
Nur die spielenden Gebärden.

Junger Herr

Vieles, was mir Freude schafft,
Fühl ich hier herangeflogen,
Aber gar so geisterhaft:
Glücklich – bin ich wie betrogen!

Dichter

Einen hellen Widerschein
Sehe ich im Kreise wandern:
Spürt auch jeder sich allein,
Spürt sich doch in allen andern.

Maler

Und wie zwischen leichten Lichtern
Flattert zwischen den Gesichtern
Schwaches Lachen hin und her.

Fremder

Lieder machen leicht und schwer!

Dichter

Lieder haben große Kraft –
Leben gibt es nah und fern.

Junger Herr

Was sie reden, hör ich gern,
Sei es immer geisterhaft.

In Mitleid ahnend

Der Schatten eines Toten … (1891)

Der Schatten eines Toten fiel auf uns
Und einer Künstlerseele letzter Kampf,
Der Seele, die sich sterbend zugesehn
Und die noch malen wollte ihren Krampf.

Und uns durchzitterte die böse Gier,
Nachzuempfinden dieses Toten Graun,
Als könnten wir durch sein gebrochnes Aug
Die tiefgeheimen Lebensgründe schaun.

Und wie ein Sterbender sich stöhnend wälzt
Und seine Decken zuckend von sich stößt,
So hatte *der* rings um uns, in uns selbst
Verhüllte Qual, betäubte Qual entblößt.

Unsagbar widerwärtig quoll es auf,
Wie Wellen, Ekelwellen brachs herein,
So sinnlos leer und frierend kalt und öd,
Ein Atemzug der überreichsten Pein:

Als wär des Lebens Inhalt ausgelöscht,
Das Heiligste gelöst in Qualm und Dunst …
Verstehn, Gestalten, Künstler sein, wozu?
Wozu denn Leben? und wozu die Kunst?

Erlognes an Erlognes, Wort an Wort
Wie bunte Steinchen aneinanderreihn!
Was wissen wir, wodurchs zusammenhält;
Und muß es so, und kann nicht anders sein?!

Und wär der Blick, mit dem wir es erschaun,
Nur unser, unser der erträumte Schein!
Er ist es nicht, und was ich denke, ist,
Ja, dieser Schrei ist Nachhall, ist nicht mein!

Nur eins ist mein, wie's auch dem Tier gehört,
Ist nicht gespenstisch, keinem nachgefühlt;
Daß mich bei deiner trostverschloßnen Angst
Ein seltsam dumpfes Mitleid hat durchwühlt.

Und daß ich, selber ohne Trost und Rat,
Dich trösten wollte, wie ein Kind ein Kind,
Das nichts von unverstandnem Kummer weiß,
Von Dingen, die unfaßbar in uns sind.

Das ist vielleicht das Letzte was uns bleibt,
Wenn der Gedanke ungedacht schon lügt:
Daß auf ein zitternd Herz das andre lauscht
Und leisen Drucks zur Hand die Hand sich fügt …

Künstlerweihe (1891)

Wir wandern stumm, verschüchtert, bang gebückt,
Und bergen scheu, was wir im Herzen hegen,
Und reden Worte, die uns nicht bewegen,
Und tote Dinge preisen wir entzückt.

Die Seele ist vergraben und erstickt…
Verfaultes leuchtet fahl auf nächtgen Wegen…
Und sind wir müde, soll uns Kunst erregen,
Bis wir im Rausch der leeren Qual entrückt.

Jüngst fiel mein Aug auf Meister Wolframs Buch
Vom Parzival, und vor mir stand der Fluch,
Der vom verlornen Gral herniederklagt:

»Unseliger, was hast du nicht gefragt?!«
In Mitleid ahnend stumme Qual befreie:
Das ist die einzig wahre Künstlerweihe!

Also spielen wir Theater

Prolog zu dem Buch ›Anatol‹ (1892)

Hohe Gitter, Taxushecken,
Wappen nimmermehr vergoldet,
Sphinxe, durch das Dickicht schimmernd …
… Knarrend öffnen sich die Tore. –
Mit verschlafenen Kaskaden
Und verschlafenen Tritonen,
Rokoko, verstaubt und lieblich,
Seht … das Wien des Canaletto,
Wien von siebzehnhundertsechzig …
… Grüne, braune stille Teiche,
Glatt und marmorweiß umrandet,
In dem Spiegelbild der Nixen
Spielen Gold- und Silberfische …
Auf dem glattgeschornen Rasen
Liegen zierlich gleiche Schatten
Schlanker Oleanderstämme;
Zweige wölben sich zur Kuppel,
Zweige neigen sich zur Nische
Für die steifen Liebespaare,
Heroinen und Heroen …
Drei Delphine gießen murmelnd
Fluten in ein Muschelbecken …
Duftige Kastanienblüten
Gleiten, schwirren leuchtend nieder
Und ertrinken in den Becken …

… Hinter einer Taxusmauer
Tönen Geigen, Klarinetten,
Und sie scheinen den graziösen
Amoretten zu entströmen,
Die rings auf der Rampe sitzen,
Fiedelnd oder Blumen windend,
Selbst von Blumen bunt umgeben,
Die aus Marmorvasen strömen:
Goldlack und Jasmin und Flieder …
… Auf der Rampe, zwischen ihnen
Sitzen auch kokette Frauen,
Violette Monsignori …
Und im Gras, zu ihren Füßen
Und auf Polstern, auf den Stufen
Kavaliere und Abbati …
Andre heben andre Frauen
Aus den parfümierten Sänften …
Durch die Zweige brechen Lichter,
Flimmern auf den blonden Köpfchen,
Scheinen auf den bunten Polstern,
Gleiten über Kies und Rasen,
Gleiten über das Gerüste,
Das wir flüchtig aufgeschlagen.
Wein und Winde klettert aufwärts
Und umhüllt die lichten Balken,

Und dazwischen farbenüppig
Flattert Teppich und Tapete,
Schäferszenen, keck gewoben,
Zierlich von Watteau entworfen …

Eine Laube statt der Bühne,
Sommersonne statt der Lampen.
Also spielen wir Theater,
Spielen unsre eignen Stücke,
Frühgereift und zart und traurig,
Die Komödie unsrer Seele,
Unsres Fühlens Heut und Gestern,
Böser Dinge hübsche Formel,
Glatte Worte, bunte Bilder,
Halbes, heimliches Empfinden,
Agonien, Episoden …
Manche hören zu, nicht alle …
Manche träumen, manche lachen,
Manche essen Eis … und manche
Sprechen sehr galante Dinge …
… Nelken wiegen sich im Winde,
Hochgestielte weiße Nelken,
Wie ein Schwarm von weißen Faltern,
Und ein Bologneserhündchen
Bellt verwundert einen Pfau an.

Prolog zu ›Mimi‹ (1896)
Schattenbilder zu einem Mädchenleben

Merkt auf, merkt auf! Die Zeit ist sonderbar,
Und sonderbare Kinder hat sie: Uns!
Wer allzusehr verliebt ist in das Süße,
Erträgt uns nicht, denn unsre Art ist herb,
Und unsre Unterhaltung wunderlich.
»Schlagt eine kleine Bühne auf im Zimmer,
Denn die Haustochter will Theater spielen!«
Meint ihr, sie wird als kleine Muse kommen,
Mit offnem Haar, und in den bloßen Armen
Wird eine leichte goldne Leier liegen?
Meint ihr, als Schäferin, ein weißes Lamm
Am blauen Seidenband und auf den Lippen
Ein Lächeln, süß und billig wie die Reime
In Schäferspielen? Auf! und geht hinaus!
Geht fort, ich bitt euch, wenn ihr das erwartet!
Ihr könnt uns nicht ertragen, wir sind anders.
Wir haben aus dem Leben, das wir leben,
Ein Spiel gemacht, und unsere Wahrheit gleitet
Mit unserer Komödie durcheinander
Wie eines Taschenspielers hohle Becher –
Je mehr ihr hinseht, desto mehr betrogen!

Wir geben kleine Fetzen unsres Selbst
Für Puppenkleider. Wie die wahren Worte
(An denen Lächeln oder Tränen hängen
Gleich Tau an einem Busch mit rauhen Blättern)
Erschrecken müssen, wenn sie sich erkennen,
In dieses Spiel verflochten, halb geschminkt,
Halb noch sich selber gleich, und so entfremdet
Der großen Unschuld, die sie früher hatten!
Ward je ein so verworrnes Spiel gespielt?
Es stiehlt uns von uns selbst und ist nicht lieblich
Wie Tanzen oder auf dem Wasser Singen,
Und doch ist es das reichste an Verführung
Von allen Spielen, die wir Kinder wissen,
Wir Kinder dieser sonderbaren Zeit.
Was wollt ihr noch? So sind wir nun einmal.
Doch wollt ihr wirklich solche Dinge hören,
Bleibt immerhin! Wir lassen uns nicht stören.

Zum Gedächtnis des Schauspielers Mitterwurzer (1897)

Er losch auf einmal aus so wie ein Licht.
Wir trugen alle wie von einem Blitz
Den Widerschein als Blässe im Gesicht.

Er fiel: da fielen alle Puppen hin,
In deren Adern er sein Lebensblut
Gegossen hatte; lautlos starben sie,
Und wo er lag, da lag ein Haufen Leichen,

Wüst hingestreckt: das Knie von einem Säufer
In eines Königs Aug gedrückt, Don Philipp
Mit Caliban als Alp um seinen Hals,
Und jeder tot.

Da wußten wir, wer uns gestorben war:
Der Zauberer, der große, große Gaukler!
Und aus den Häusern traten wir heraus
Und fingen an zu reden, wer er war.
Wer aber war er, und wer war er nicht?

Er kroch von einer Larve in die andre,
Sprang aus des Vaters in des Sohnes Leib
Und tauschte wie Gewänder die Gestalten.

Mit Schwertern, die er kreisen ließ so schnell,
Daß niemand ihre Klinge funkeln sah,
Hieb er sich selbst in Stücke: Jago war
Vielleicht das eine, und die andre Hälfte
Gab einen süßen Narren oder Träumer.
Sein ganzer Leib war wie ein Zauberschleier,
In dessen Falten alle Dinge wohnen:
Er holte Tiere aus sich selbst hervor:
Das Schaf, den Löwen, einen dummen Teufel
Und einen schrecklichen, und den, und jenen,
Und dich und mich. Sein ganzer Leib war glühend,
Von innerlichem Schicksal durch und durch
Wie Kohle glühend, und er lebte drin
Und sah auf uns, die wir in Häusern wohnen,
Mit jenem undurchdringlich fremden Blick
Des Salamanders, der im Feuer wohnt.

Er war ein wilder König. Um die Hüften
Trug er wie bunte Muscheln aufgereiht
Die Wahrheit und die Lüge von uns allen.
In seinen Augen flogen unsre Träume
Vorüber, wie von Scharen wilder Vögel
Das Spiegelbild in einem tiefen Wasser.

Hier trat er her, auf ebendiesen Fleck,
Wo ich jetzt steh, und wie im Tritonshorn
Der Lärm des Meeres eingefangen ist,
So war in ihm die Stimme alles Lebens:
Er wurde groß. Er war der ganze Wald,
Er war das Land, durch das die Straßen laufen.
Mit Augen wie die Kinder saßen wir
Und sahn an ihm hinauf wie an den Hängen
Von einem großen Berg: in seinem Mund
War eine große Bucht, drin brandete das Meer.

Denn in ihm war etwas, das viele Türen
Aufschloß und viele Räume überflog:
Gewalt des Lebens, diese war in ihm.
Und über ihn bekam der Tod Gewalt!
Blies aus die Augen, deren innrer Kern
Bedeckt war mit geheimnisvollen Zeichen,
Erwürgte in der Kehle tausend Stimmen
Und tötete den Leib, der Glied für Glied
Beladen war mit ungebornem Leben.

Hier stand er. Wann kommt einer, der ihm gleicht?
Ein Geist, der uns das Labyrinth der Brust
Bevölkert mit verständlichen Gestalten,
Erschließt aufs neu zu schauerlicher Lust?
Die er uns gab, wir konnten sie nicht halten

Und starren nun bei seines Namens Klang
Hinab den Abgrund, der sie uns verschlang.

Daß ein Herz
so gar sich selber nicht versteht!

Ariadne auf Naxos (Auszug – 1913)

Zerbinetta

Noch glaub ich dem einen ganz mich gehörend,
Noch mein ich mir selber so sicher zu sein,
Da mischt sich im Herzen leise betörend
Schon einer nie gekosteten Freiheit,
Schon einer neuen verstohlenen Liebe
Schweifendes, freches Gefühle sich ein!

Noch bin ich wahr, und doch ist es gelogen,
Ich halte mich treu und bin schon schlecht,
Mit falschen Gewichten wird alles gewogen –
Und halb mich wissend und halb im Taumel
Betrüg ich ihn endlich und lieb ihn noch recht!
Ja, halb mich wissend und halb im Taumel
Betrüge ich endlich und liebe noch recht!

So war es mit Pagliazzo
Und mit Mezzetin!
Dann war es Cavicchio,
Dann Burattin,
Dann Pasquariello!
Ach, und zuweilen,
Will es mir scheinen,
Waren es zwei!

Doch niemals Launen,
Immer ein Müssen!
Immer ein neues
Beklommenes Staunen.
Daß ein Herz so gar sich selber,
Gar sich selber nicht versteht!

Als ein Gott kam jeder gegangen,
Und sein Schritt schon machte mich stumm,
Küßte er mir Stirn und Wangen,
War ich von dem Gott gefangen
Und gewandelt um und um!
Als ein Gott kam jeder gegangen,
Jeder wandelte mich um,
Küßte er mir Mund und Wangen,
Hingegeben war ich stumm!
Hingegeben war ich stumm!
Hingegeben war ich stumm!
Kam der neue Gott gegangen,
Hingegeben war ich stumm!

Arabella (Auszug – 1929)

Arabella

Ein Mann wird mir gar schnell recht viel
und wieder schnell ist er schon gar nichts mehr für mich!
Da drin im Kopf geschiehts, und schnell, ich weiß nicht wie!
Es fangt zu fragen an, und auf die Fragen
find ich die Antwort nicht, bei Tag und nicht bei Nacht.
Ganz ohne meinen Willen dreht sich dann mein Herz
und dreht sich los von ihm. Ich kann ja nichts dafür –
aber der Richtige – wenns einen gibt für mich auf dieser Welt –
der wird auf einmal dastehen, da vor mir
und wird mich anschaun und ich ihn
und keine Zweifel werden sein und keine Fragen
und selig werd ich sein und ihm gehorsam wie ein Kind.

Drei kleine Lieder (1899)

III

Die Liebste sprach: »Ich halt dich nicht,
Du hast mir nichts geschworn.
Die Menschen soll man halten nicht,
Sind nicht zur Treu geborn.

Zieh deine Straßen hin, mein Freund,
Beschau dir Land um Land,
In vielen Betten ruh dich aus,
Viel Frauen nimm bei der Hand.

Wo dir der Wein zu sauer ist,
Da trink du Malvasier,
Und wenn mein Mund dir süßer ist,
So komm nur wieder zu mir!«

Mädchenlied (1893)

»Was rinnen dir die Tränen,
Die Tränen stumm und heiß,
Durch deine feinen Finger,
Die Finger fein und weiß?«

Mein Schleier ist zerrissen
Und wehet doch kein Wind
Und bin doch nirgends gangen
Niemals, wo Dornen sind…

Die Glocken haben heute
So sonderbaren Klang,
Gott weiß, warum ich weine,
Mir ist zum Sterben bang.

Frage (1890)

Merkst du denn nicht, wie meine Lippen beben?
Kannst du nicht lesen diese bleichen Züge,
Nicht fühlen, daß mein Lächeln Qual und Lüge,
Wenn meine Blicke forschend dich umschweben?

Sehnst du dich nicht nach einem Hauch von Leben,
Nach einem heißen Arm, dich fortzutragen
Aus diesem Sumpf von öden, leeren Tagen,
Um den die bleichen, irren Lichter weben?

So las ich falsch in deinem Aug, dem tiefen?
Kein heimlich Sehnen sah ich heiß dort funkeln?
Es birgt zu deiner Seele keine Pforte

Dein feuchter Blick? Die Wünsche, die dort schliefen,
Wie stille Rosen in der Flut, der dunkeln,
Sind, wie dein Plaudern: seellos … Worte, Worte?

Erfahrung (1891)

Ich kann so gut verstehen die ungetreuen Frauen,
So gut, mir ist, als könnt ich in ihre Seelen schauen.
Ich seh um ihre Stirnen die stumme Klage schweben,
Die Qual am langen, leeren, am lebenleeren Leben;

Ich seh in ihren Augen die Lust, sich aufzugeben,
Im Unergründlichen, Verbotenen zu beben,
Die Lust am Spiel, die Lust, das Letzte einzusetzen,
Die Lust am Sieg und Rausch, am Trügen und Verletzen.

Ich seh ihr Lächeln und die heimlichen, die Tränen,
Das rätselhafte Suchen, das ruhelose Sehnen.
Ich fühle, wie sies drängt zu törichten Entschlüssen,

Wie sie die Augen schließen, und wie sie quälen müssen;
Wie sie für jedes Morgen ein jedes Heut begraben,
Und wie sie nicht verstehen, wenn sie getötet haben.

Sturmnacht (1890)

Die Sturmnacht hat uns vermählt
In Brausen und Toben und Bangen:
Was unsre Seelen sich lange verhehlt,
Da ists uns aufgegangen.

Ich las so tief in deinem Blick
Beim Strahl vom Wetterleuchten:
Ich las darin mein flammend Glück,
In seinem Glanz, dem feuchten.

Es warf der Wind dein duftges Haar
Mir spielend um Stirn und Wangen,
Es flüsterte lockend die Wellenschar
Von heißem tiefem Verlangen.

Die Lippen waren sich so nah,
Ich hielt dich fest umschlungen;
Mein Werben und dein stammelnd Ja,
Die hat der Wind verschlungen …

Die Beiden (1896)

Sie trug den Becher in der Hand
– Ihr Kinn und Mund glich seinem Rand –,
So leicht und sicher war ihr Gang,
Kein Tropfen aus dem Becher sprang.

So leicht und fest war seine Hand:
Er ritt auf einem jungen Pferde,
Und mit nachlässiger Gebärde
Erzwang er, daß es zitternd stand.

Jedoch, wenn er aus ihrer Hand
Den leichten Becher nehmen sollte,
So war es beiden allzu schwer:

Denn beide bebten sie so sehr,
Daß keine Hand die andre fand
Und dunkler Wein am Boden rollte.

Nachwort

»Er war von einer leichten, huldvoll zur Schau getragenen, bezaubernden Anmut, Freiheit und Würde des Geistes, die mir unvergeßlich ist, so sehr, daß ich später oft ungeduldig, ja zuweilen in dunklen Stunden ungerecht gegen ihn wurde, weil ich ihn immer noch am Glanz seiner Jugend und jedes Werk immer wieder an seinen ersten Versen maß, den schönsten deutschen Versen meiner Zeit.«[1]

So beschreibt Hermann Bahr 1923 in ›Selbstbildnis‹ die – anhaltende – Wirkung des literarischen Wunderkindes Hugo von Hofmannsthal und seiner wundersamen frühen Dichtung. Hofmannsthal, am 1. Februar 1874 als einziges Kind des Bankdirektors Dr. jur. Hugo von Hofmannsthal und seiner Frau Anna in Wien geboren, veröffentlicht im Juni 1890 im Alter von sechzehn Jahren sein erstes Gedicht, das Sonett ›Frage‹. Es erscheint in dem als Beilage zur ›Presse‹ erscheinenden Unterhaltungsblatt ›An der Schönen Blauen Donau‹ und unter Pseudonym, weil Schüler noch nicht publizieren dürfen. Im selben Sommer lernt »Loris Melikow«, so der einem verstorbenen russischen General entlehnte Deckname des jungen Hofmannsthal, den Schauspieler und Schriftsteller Gustav Schwarzkopf kennen, der ihn bald in den Literatenzirkel des Café Griensteidl einführt, zu dem unter anderen Arthur Schnitzler, Richard Beer-Hofmann, Felix Salten und eben Hermann Bahr gehören. Die berühmten Zeitgenossen sind, ganz wie der eingangs zitierte Bahr, bezaubert von der anmutigen Erscheinung des jungen Mannes, von der Musikalität seiner Verse sowie von der frühreifen und zweifelsohne auch etwas altklugen Art, mit der er sich seinen eher ehrgeizig als kindlich zu nennenden Themen nähert – Themen wie Zeit und Vergänglichkeit, Treue und Untreue, Welt und Kunst, Schein und Sein. Schnitzler notiert im März 1891: »Bedeutendes Talent, ein 17-jähriger Junge, Loris … Wissen, Klarheit und, wie es scheint, auch echte Künstlerschaft, es ist unerhört in dem Alter.«[2] Und noch im selben Jahr macht die Veröffentlichung des Dramoletts ›Gestern‹ das Wunderkind zur Berühmtheit.

Hofmannsthal selbst erscheint die eigene Frühreife weniger als unerhörte persönliche Eigenschaft denn als ein Erbe, an dem seine ganze Generation teilhat. So imaginiert er sich und seine Generation in einem d'Annunzio-Aufsatz von 1893 als Nachgeborene, deren Empfinden, deren »überfeine Nerven« gerade nicht ihr eigen und individuelles Charakteristikum sind, sondern eine Hinterlassenschaft der Väter und Merkmal der modernen Jugend überhaupt:

> »Man hat manchmal die Empfindung, als hätten unsere Väter … und unsere Großväter … nur zwei Dinge hinterlassen: hübsche Möbel und überfeine Nerven. Die Poesie dieser Möbel erscheint uns als das Vergangene, das Spiel dieser Nerven als das Gegenwärtige.«[3]

Einen ganz ähnlichen Gedanken setzt der Prolog zum Buch ›Anatol‹ in Szene. Sein erster Teil beschwört eine Kulisse aus den hübschen Möbeln und Gärten der Großväter und Urgroßväter, ein geisterhaftes Idyll des »Rokoko, verstaubt und lieblich«; vor diese Kulisse dann zitiert Hofmannsthal im zweiten Teil des Prologs die eigene Generation: »Also spielen wir Theater, / Spielen unsre eignen Stücke, / Frühgereift und zart und traurig, / Die Komödie unsrer Seele«.

Das Bewußtsein, ein Nachgeborener zu sein (ein Bewußtsein, das im Nachhinein typisch erscheint für die letzten Jahrzehnte der k. u. k. Monarchie), und mit diesem Bewußtsein die Erfahrung der Geschichtlichkeit und Vergänglichkeit der eigenen Existenz, die Erfahrung von Zeittiefe prägen Hofmannsthals gesamtes Jugendwerk. Hofmannsthals Jugendwerk – das heißt beinahe soviel wie sein ganzes lyrisches Werk überhaupt. Denn wenn Bahr, wie er in ›Selbstbildnis‹ gesteht, in späteren Jahren gelegentlich ungeduldig gegen den erwachsenen Hofmannsthal wird, dann wohl nicht zuletzt deshalb, weil dieser nach 1900 mehr und mehr (und mit zunächst gemischtem Erfolg) mit Formen des Dramas zu experimentieren beginnt und nur noch sehr vereinzelt Gedichte schreibt, die sich aber kaum messen können mit seinen früheren, »den schönsten deutschen Versen [von Bahrs] Zeit.«

Für eine Lyrik-Auswahl wie die vorliegende bedeutet das von vornherein eine gewisse Beschränkung auf das Jugendwerk. Hofmannsthal selbst hat für alle zu seinen Lebzeiten erschienenen Gedichtsammlungen eine entsprechende, strenge Auswahl aus diesem Jugendœuvre getroffen; 1897 schrieb er gar an Stefan George: »Daß ich meine Verse nicht sammle, werden Sie billigen, wenn Sie bedenken, daß ich alles in allem nicht 25 Gedichte zusammenfinden kann, die ich in ein Buch aufgenommen haben möchte.«[4] In diesem strengen Urteil muß man Hofmannsthal nicht folgen, zumal er später immer wieder an Auswegen aus der selbst auferlegten Beschränkung gearbeitet hat. Seine Listen für geplante und zum Teil tatsächlich erschienene Buchausgaben seiner Gedichte[5] weisen dabei vor allem einen bemerkenswerten Ausweg: die Öffnung des lyrischen Werks gegen das Drama. Diese Öffnung bewerkstelligt Hofmannsthal auf zwei Arten, indem er nämlich zum einen liedhafte Elemente aus seinen späteren Dramen in die Gedichtsammlungen aufnimmt (so etwa das Lied des Harlekin aus ›Ariadne auf Naxos‹), zum anderen indem er ihnen seine frühen, nicht umsonst so genannten »lyrischen Dramen« passagenweise oder auch ganz anfügt. Auch vorliegende Anthologie bedient sich ebendieser beiden Möglichkeiten, die ansonsten fast unumgängliche Beschränkung der Hofmannsthalschen Lyrik auf das Jugendwerk etwas aufzubrechen.

Da dennoch ein Großteil der hier versammelten Texte zwangsläufig die Gedichte des Wunderkindes aus der Zeit von ca. 1890 bis 1900 sind, liegt es nahe, ihre Anordnung an dem sie beherrschenden Thema auszurichten – eben dem Thema der »Zeittiefe«, der »Vergänglichkeit«, der »Zeit« überhaupt. Die einzelnen Kapitel widmen sich dabei jeweils einem bestimmten Aspekt der Erfahrung von Zeit und versuchen gleichzeitig, in ihrer Abfolge »eine Geschichte zu erzählen« und eine gewisse Entwicklungslinie in Hofmannsthals Denken über die Zeit nachzuzeichnen.

So stellt das erste Kapitel ›Einst waren alle tief und stumm‹

Texte zusammen, die eine Art vorzeitlichen Zustand beschwören, für den Hofmannsthal später in seiner autobiographischen Schrift ›Ad me ipsum‹ den Begriff der »Präexistenz« geprägt hat. Gemeint ist ein – oft mit der Kindheit, aber auch mit Wahnsinn oder Liebe einhergehender – Zustand des Vorindividuellen, der Grenzenlosigkeit gegenüber der Welt. Die Präexistenz ist paradiesisch, in dem Sinne, daß sie reines Sein ist und jedes Werden ausschließt, in dem Sinne aber auch, daß sie keinen Bestand haben kann: Wer den »Weg zum Leben und zu den Menschen«[6] nicht antritt, ist zum Scheitern verurteilt und macht sich gegenüber dem Leben selbst schuldig. So ist es kein Zufall, daß es in Gedichten über den Zustand der Präexistenz oft gleichzeitig auch schon um ihren Verlust geht – besonders augenfällig etwa in dem Gedicht ›Ein Knabe‹, dessen zwei parallel gebaute Teile ein »Vorher« und ein »Nachher« präsentieren.

In den Texten des zweiten Abschnitts erscheint die Zeit als grauenerregend und erschreckend; ihr stetig-unaufhaltsames Vergehen wird als ein kaum Faßbares erfahren, dem der Mensch nichts entgegenzusetzen hat als allenfalls eine zutiefst melancholische, aber gefaßte Haltung, so wie sie die Figur der Marschallin aus ›Der Rosenkavalier‹ vertritt: »Die Zeit, die ist ein sonderbares Ding«. Dagegen enthalten die Gedichte des dritten Kapitels eine ganz andere Art von Erfahrung, die euphorische nämlich der Aufhebung von Zeitlichkeit in einem ewigen Moment der Gegenwart, einem »unsterblich Jetzt«.

Die unter der Überschrift ›Die Fülle von Glut und Glanz und Duft‹ zusammengefaßten Gedichte zeigen alle mehr oder weniger deutlich den Einfluß bestimmter literarischer Strömungen der Jahrhundertwende, und zwar vornehmlich des Symbolismus und Ästhetizismus. Entsprechend experimentieren sie mit einer für diese Strömungen typischen Strategie, Zeit zu überwinden: Sie machen oder reflektieren den Versuch, künstlich, durch (Sprach-)Macht und (Wort-) Magie ein »unsterblich Jetzt« zu schaffen. Hofmannsthals frühe, ästhetizistisch geprägte Gedichte sind dabei keineswegs epigonal, sondern häufig bereits kritische Auseinandersetzung mit der hermetisch geschlossenen, ästhetisch starren Welt solchen Ästhetizismus' – wie etwa die Tatsache belegt, daß die »Fülle von Glut und Glanz und Duft« des Gedichts ›Blütenreife‹ als schön, aber tödlich qualifiziert wird. Als Manifest von Hofmannsthals endgültiger Abkehr darf das Gedicht ›Der Prophet‹ gelten, das bezeichnenderweise auch biographisch gelesen werden kann, und zwar als Absage an die hermetische Dichtung von Hofmannsthals vielleicht wichtigstem literarischen Mentor und Freund, Stefan George. In dessen Reich, bzw. im Reich des Propheten, verhallt »des Lebens Laut«; als verführerisch, aber beengend und letztlich tödlich wertet Hofmannsthal den symbolistischen, ästhetizistischen Weg seiner Dichtung.

Mit der Möglichkeit, daß im Tode selbst rauschhafte Zeitenthobenheit zu finden sei, spielen die Gedichte des folgenden Kapitels. Doch eigentlich scheint es nur dort, wo der Tod selbst zu Wort kommt (in dem Ausschnitt aus dem Drama ›Der Tor und der Tod‹), als könne dieser Weg, der Zeit zu entfliehen, gelingen. Andere Texte signalisieren Zweifel: So wird zwar in ›Erlebnis‹, ähnlich wie die Figur des Todes es im Drama verheißt, der Tod Musik »[g]ewaltig sehnend, süß und dunkelglühend«, dennoch weint in der Seele des Sprechers ein »namenloses Heimweh … nach dem Leben«.

Diesem Leben nun sich zuzuwenden, den »Weg zum Leben und zu den Menschen« einzuschlagen – das ist die grundsätzliche, ethische Entscheidung, die für Hofmannsthal schließlich aus dem Grauen vor der Zeit und der Unmöglichkeit, ihr zu entfliehen, geboren wird. Den Moment dieser Geburt inszeniert besonders prägnant das frühe lyrische Drama ›Der Tor und der Tod‹ anhand seiner Hauptfigur Claudio. Dieser, ein dem Leben teilnahmslos gegenüberstehender Ästhet, der »[m]it kleinem Leid und schaler Lust« sein Leben erlebt »wie ein Buch«, lernt teilnehmen zu wollen, als er dem Tod ins Gesicht sieht: »Ich will die Treue lernen, die der Halt / Von allem Leben ist …«. Für Claudio ist es zu spät, und der Tod rafft ihn dahin, noch bevor er die Treue lernen kann; doch Hofmannsthal beschäftigte sich noch lange, bis in seine letzten Werke hinein, mit dem ethischen Moment der Hinwendung zum Leben.

In vielen Facetten wird diese Hinwendung auch im lyrischen Werk schon durchgespielt. Die Anerkennung und Wertschätzung der scheuen Schönheit kleiner Dinge (Kapitel 6) ist eine dieser Facetten, eine andere die Feier des Lebens, des Frühlings und des – auch künstlerischen – Aufbruchs (Kapitel 7).

Um die Kunst und die Rolle des Dichters, um Sprache und Lektüre kreisen die Texte der beiden folgenden Kapitel. Sie sind von außerordentlicher Vielfalt, und der Versuch, sie in der »Geschichte« von der Überwindung der Zeit und der Hinwendung zum Leben auch nur nahezu vollständig aufgehen zu lassen, wäre von vornherein zum Scheitern verurteilt. Hier, so wie an vielen anderen Stellen, kann man die Anordnungen, die die Anthologie vornimmt, gegen den Strich lesen und ihren narrativen Faden fallenlassen und der eigenen Lektüre entsprechend neu knüpfen. Die getroffene Anordnung versucht ihn dennoch locker im Sinne einer Hinwendung zum Leben und zum Menschen fortzuspinnen: So stellen die beiden Gedichte ›Der Schatten eines Toten …‹ und ›Künstlerweihe‹, obwohl sie sicher nicht zu Hofmannsthals Bestem gehören, zusammen ein ganzes Kapitel – eben weil sie plakativ und beinahe »engagiert« für eine Kunst plädieren, die sich dem Menschen zuwendet und sogar bereit ist, sich angesichts ihrer eigenen Ohnmacht gegenüber menschlichem Leiden selbst aufzugeben. So heißt es in ›Der Schatten eines Toten …‹:

> … wozu die Kunst? …
> Erlognes an Erlognes, Wort an Wort
> Wie bunte Steinchen aneinanderreihn! …
>
> Das ist vielleicht das Letzte was uns bleibt,
> Wenn der Gedanke ungedacht schon lügt:
> Daß auf ein zitternd Herz das andere lauscht
> Und leisen Drucks zur Hand die Hand sich fügt …

Gleichzeitig erzählt das Gedicht ›Gesellschaft‹, das das Kunst-Kapitel beschließt, zusammen mit den Texten des Abschnitts ›Also spielen wir Theater‹ die Geschichte von

Hofmannsthals Entwicklung vom Lyriker zum Dramatiker neu beziehungsweise mit neuem inhaltlichen Fokus: Sie machen auch diese Entwicklung lesbar im Zeichen der ethischen Entscheidung, »die Treue zu lernen«. Die Anfänge einer Entwicklung von der Lyrik hin zum Drama lassen sich etwa seit 1896 erkennen mit vermehrt dialogischen und Rollengedichten im Gegensatz zu solchen, die als Äußerungen eines Sprechers, eines lyrischen Ichs zu verstehen sind. Zu diesen ersten Rollengedichten gehört eben das Gedicht ›Gesellschaft‹, das sich bezeichnenderweise auch inhaltlich deutlich wegbewegt vom Bild des Künstlers als großem Magier (›Ein Traum von großer Magie‹) und die Kunst vielmehr in einem zwischenmenschlichen, sozialen Raum plaziert: Der Dichter sagt es *expressis verbis*: »Einen hellen Widerschein / Sehe ich im Kreise wandern: / Spürt auch jeder sich allein, / Spürt sich doch in allen andern.«

Vom gleichen Interesse für das Drama als einer Form sozusagen der Zwischenmenschlichkeit zeugen schon früh auch die Prologe und Trauerreden des zehnten Abschnitts, deren inhaltliche und formale Nähe zum Theater keiner weiteren Erläuterung bedarf.

Den Abschluß bilden Gedichte über die Liebe: Denn es ist das Rätsel des menschlichen Herzens, das mehr noch vielleicht als das Rätsel der Zeit stets ungelöst stehenbleibt und aus dem Lyriker-Wunderkind schließlich den unübertroffenen Librettisten und Dramatiker des ›Rosenkavaliers‹, der ›Ariadne auf Naxos‹ und des ›Schwierigen‹ machte.

Dorothea Tetzeli von Rosador

[1] zit. nach Werner Volke, Hofmannsthal, Rowohlts Monographien, Reinbek 1967, S. 172

[2] zit. nach Volke, 1967, S. 23 f

[3] zit. nach Volke, 1967, S. 22 f

[4] Briefwechsel zwischen Stefan George und Hofmannsthal, hg. Robert Boehringer, München und Düsseldorf, 1953

[5] s. die kritische Ausgabe des Gesamtwerks, hg. von Rudolf Hirsch et als., Frankfurt a. M., Bd. 11, 1988

[6] Hofmannsthal, Werke in 10 Einzelbänden, hg. Bernd Schoeller, Frankfurt a. M., Fischer Taschenbuch Verlag, 1979

Die Textgestalt folgt der Ausgabe: Hugo v. Hofmannsthal, Gesammelte Werke in zehn Einzelbänden, hg. von Bernd Schoeller in Beratung mit Rudolf Hirsch, Frankfurt a. M., Fischer Taschenbuch Verlag, 1979.

Alphabetisches Verzeichnis der Gedichtüberschriften und Gedichtanfänge